미추홀 연가

정경해 시집

문학의전당 시인선
141

미추홀 연가

정경해 시집

문학의전당

시인의 말

인적 뜸한 부둣가
조개 까는 할머니 손만 분주하다.

저 멀리 배 한 척
참, 부지런한 걸음이다.
저 배는 항구가 기다리지 않아도
항해를 멈추지 않을 것이다.

두 번째 시집을 엮기까지
나는 분주히 '삶'의 바다를 부유(浮游)했지만
남는 것은 뒤늦은 반성뿐.

끝없는 이 항해를 멈추지 않을 것이다.

2012년
인천 화수부두에서
정경해

차례

제2부

제3부

제4부

제1부

인천 31
— 북성동*

비 오는 날 북성동 거리를 걷는다. 구멍 난 우산 속을 들여다보던 하늘, 회색 낯빛으로 눈을 감고. 빗물에 긴 머리 늘어뜨린 담쟁이덩굴, 손톱을 세운 채 담장에 붙어 있다. 붉게 단장된 거리는 옛 시절을 잊은 듯 공화춘 간판만이 자장면의 역사를 불러온다. 어둠이 붓을 들자 북성동 거리는 점점 충혈된 눈을 빛내며 도발적인 자태로 청요리 냄새 밴 엉덩이를 흔들고 있다. 높게 솟은 패루**가 차이나타운 길목을 안내하며 당당하게 서 있지만, 북성동 거리는 아직도 부둣가 인부들의 휘청대던 가난한 발자국을 좇는 듯, 알 수 없는 눈물을 질금대고 있다.

---

* 인천 중구에 있는 거리. 지금은 북성동 일대가 차이나타운 거리로 조성되어 있다.

** 중국인들의 정신적 역할을 하는 건축물로서 미국 일본 등의 차이나타운마다 설치되어 있다.

인천 32
— 송현동

그해
수도국산* 언덕길은 따뜻했다
납작 엎드린 지붕이 루핑 조각 머리를 산발한 채
이마를 맞대며 키재기를 했고
내가 문을 열고 내려서면 너희 집
네가 문을 열고 내려서면 우리 집
내 집 네 집 문패도 없이
땅따먹기 놀이만이 금을 긋던,

감자수제비가 퐁짝퐁짝 끓어오르는
어스름한 저녁이면
수도국산 언덕길은 부산을 떨며 통통거렸고
새끼줄 그네를 탄 까만 연탄 한 장이 뱅글뱅글
몸을 돌리며 주인과 눈 맞추며 행복해했다
순희네 창 너머 흐릿한 눈물 글썽이던 백열등,
구부정한 전봇대에 걸려 있던 송현동 달빛
떠나간 눈빛들, 잊지 못할 눈빛들

---

* 원래 만수산이었는데 일제 강점기 때 수도국의 배수지가 이곳에 있어 수도국산이라 부름.

인천 35
— 괭이부리마을

전라도 꽃순이 돈 벌러 왔다. 감꽃처럼 뽀얀 가슴 안고 빈 게딱지 다닥다닥 엎어진 판잣집 동네 돈 벌러 왔다. 대성목재 톱밥가루 뒤집어쓰고 마른버짐 뜯어내며 돈 벌러 왔다. 동일방직 공순이가 되어 달거리 하듯 거르지 않는 피 같은 월세 마련에 돈 벌러 왔다. 끼니 거르며 목숨 바치며 돈 벌러 왔다. 보따리 질질 끌고 돈 벌러 왔다. 인천극장 구름다리 넘어가는 교복 입은 아이들 뒤통수 훔쳐보며 돈 벌러 왔다. ABCDEFG 소리 없이 외치며 돈 벌러 왔다. 괭이부리마을에 꽃순이 돈 벌러 왔다.

인천 40

— 만석동 성냥공장

만석부두 옆 성냥공장 있었다더라
있었다더라
성냥공장에 일가족 있었다더라
있었다더라
마른 성냥개비 불타오르듯 꿈이 있었다더라
있었다더라
성냥갑만 한 집 마련하던 날 공장에 불이 났다더라
났다더라
막내딸 성냥공장 불탈 때 하늘로 타올랐다더라
타올랐다더라
어머니, 날이면 날마다 머리 풀고 헤맸다더라
헤맸다더라
아버지, 보상금 손에 쥐고 성냥공장 굴뚝 올라섰다더라
올라섰다더라
꽃잎처럼 아버지가 흩날렸다더라
흩날렸다더라
일가족, 떠나던 날 비가 왔다더라
왔다더라

젖은 성냥개비 피식피식 울었다더라
울었다더라
성냥공장 성냥개비 다시는 불이 일지 않았다더라
않았다더라
만석부두 옆 성냥공장 먼 기억 속으로 사라졌다더라
사라졌다더라

인천 41
— 화평동

지네처럼 기찻길이 엎드려 있었어
빛도 없이 까막까막 졸고 있는 산동네
달려드는 기차, 소름 돋는 심장
칙칙폭폭 달려갔지
하얀 머리 풀고 펄럭펄럭

다신 돌아오지 않을 기차
깨금발로는 철로를 다 건널 수 없어
코스모스처럼 길게 목 빼고
여린 손 흔들어도
무성한 풀잎은 연표를 보여주지 않고

그 많던 이름들,
지금 어디쯤 달리고 있을까

인천 42

— 소래염전

발가벗은 몸 부끄러워 한 적 없다

하루에도 몇 섬씩 땀방울 씻기고 말리던
짜디짠 인생

뻘에 남은 건
내장까지 하얀 눈물뿐
그마저도
다 말라버렸다

지금
소래염전에는 소금이 없다
염부도 없다

인천 43
— 숭의동

1

장사래 마을 후예 꽃순이
진달래 치마폭 햇살 너울대던 봄날
꽃보다 예쁜 딸로 태어났다
진달래꽃 분홍 공주가 되어
밤마다 별빛 꿈 한 소쿠리 따서
꼬불꼬불 말간 개천에 띄워 보냈다

2

옐로우하우스 꽃순이
밤이면 분홍 꽃등을 켠다
하룻밤 부나비를 기다린다
인천항 배 닻을 내리면
형형색색 불나방 꽃등에 뛰어들고
꽃순이 고단한 웃음 짙어간다

3

꽃순이 사라지던 날

장사래 마을 기억도 지워졌다
너른 들녘에 쓰여 있던 참한 이야기와 함께
인천항 뱃고동 젖은 목 길게 빼고
숭의동 저 멀리
재개발 공설운동장, 화려한 몸짓을 퍼덕인다

인천 44

— 세숫대야 냉면

화평동 냉면골목에 가면
저마다 이마에 원조(元朝)를 써 붙인
냉면집 조상들이 모여 있다

세숫대야 뒤집어쓴 냉면 식신(食神)들이
한가득 담아내는 면발에
헤벌쭉 킥킥킥
행복해하는 얼굴들을 만날 수 있다

면발을 뒤집어쓴 삼용이가 둥둥
세숫대야에 코 박은 언니도 둥둥
욕심껏 솟아오른 내 배꼽도 둥둥

세숫대야 한가득 정이 철철 넘쳐
절로 콧노래를 부르는

화평동에 가면
인천 짠물의 푸근한 인심을 만날 수 있다

인천 45
— 소래포구 꽃게

어시장 좌판 한 무리의 꽃게들
아무리 타일러도 옆으로 샌다
살살 달래도 막무가내다
고집불통 집게발로 허공을 때리며
앞으로 가는 거라며 게거품을 문다
잘 보라며 씩씩거리는 꽃게
너도 나도 줄지어 옆으로만 간다

꽃게 구경 온 유치원 아이들
제멋대로

깔깔　　　　　깔깔
　　깔　　　깔
　　　　깔

인천 46
— 월미도

이름 때문이었을까
달의 꼬리
여물지 못했을 뿐
담 너머 교활한 발자국들이 불안했던 섬

파란 눈 이국인 질끈 밟은 꼬리에 닻을 내리던 날
비가 내렸다
로제섬*의 치욕

빗장이 필요 없었지 그들은 담을 넘어 왔으니까

쪽발이들, 족쇄 도장 한 방에
순한 백성들 해수탕에 몸을 풀고
벚꽃 아래 도시락을 즐기던

6·25 동족상잔의 상처가 깊게 패인 섬
인천상륙작전 암호명 크로마이드(Operation Chromite)
자유를 치켜든 맥아더가 달의 꼬리에 발을 디딘 날에도

비가 내렸다

자유를 위한 수많은 목숨들
벚꽃나무 아래로 구겨졌고 바닷물 속으로 수장됐다
어머니, 아버지, 누이
이 땅을 위해

아무도 월미도 발자국이 지워지는 것을 두려워하지 않는 오늘,

문화의 거리 월미도
이제는 달의 꼬리가 아니라며
월미레일이 천 억짜리 은하철도를 타고 안드로메다로 날아가고
횟집, 모텔, 놀이기구 안의 청춘남여 자극적인 웃음만이
밤마다 찬란한 욕정의 눈을 굴린다

날마다 불면의 밤을 하얗게 지새우는 섬

오늘도
월미도에 비가 내린다

---

* 한때 프랑스 극동함대 사령관의 이름을 따 로제섬으로 불렸다고 함.

인천 47
— 팔미도 등대*

분명, 운명이다

대한 최초의 등대로 태어나
갯메꽃 벗 삼은
백 년 세월

켈로(KLO)부대 팔미도 상륙하던 날

온몸에 들끓는 뜨거운 피
두 눈에 모아
일순간 폭사(爆射)한 것은

분명, 자랑스러운 운명이다

---

* 우리나라 최초의 등대로 1903년에 세워짐. 인천시 유형문화재 40호. 1950년 9월 14일 19시 역사적인 인천상륙작전을 앞두고 더글러스 맥아더 사령관의 작전명령이 떨어졌다. '9월 15일 0시 팔미도 등대의 불을 밝히라'는 막중한 임무를 띤 미군 3명과 한국군 3명으로 구성된 6명의 특공대(켈로부대)가 팔미도에 잠입 성공함. 등대의 불을 밝히는 순간이 인천상륙작전 총공격의 신호였다.

인천 48

— 송도국제도시

하루에 10cm씩 키가 자라는 곳
여기저기 부른 배를 끌어안은 산모가 몸을 뒤틀고
날마다 수많은 배다른 형제들을 출산하는
이름만 다를 뿐 똑같은 옷을 걸친
초고층 아파트 건물들이 탄생하는 도시

외국인보다 내국인이 더 많은 국제도시
GCF(녹색기후기금) 유치 때 한마음으로 기뻐하며
대통령, 인천시장, 송도주민, 속내는 모두 달랐어도
불 일 듯 일어날 희망의 경제 꿈만은 모두가 같았던

아름다운 공원과 자전거길이 지천으로 널려 있는
한때는 부동산이 너울너울 춤을 추어
송도 주민임을 은근히 자랑하는 사람들
옛 이름 먼우금* 시절을 아는지

혼자 놀던 바닷물 들락날락 민낯을 드러내면
갯벌에서 조개를 캐 생계를 잇던 먼우금 원주민들

굳은살 박인 손에 쥐어진 송도개발 보상금 딱지
모래처럼 흩날린, 가깝고도 먼 곳
먼우금에 얽힌 눈물의 사연

송도는
지금 이 순간도 키가 쑥쑥 자라고

---

* 송도의 옛 지명으로 가깝고도 멀다는 뜻이 있음.

인천 49

— 화수부두 할머니

피난살이 60년 고단했지
내 삶이 웬만했슴매
여문 조개 입처럼 깝깝했어
고놈 열다 세월 다 갔네
짐승 면하려 이 악물었지
이 새까만 손톱 좀 보우
저승사자처럼 들이대니
조개가 쩍쩍 입 벌리데
새끼들 이팝 먹일 때가 최고였어
내래 평생 그때 제일 행복했소꼬마

인천 52
— 배다리

시간이 멈춘 배다리,
배다리에는 가난한 시인이 산다
고집스럽지만 마음이 넉넉한 헌책방이 있어
언제든지 달려가 목마른 책장을 넘겨도 눈총 주지 않아
세끼를 굶어도 늘 배가 부르다는 시인이 산다

수문통 갯골 배다리 시절 먼 이야기와
싸리재 유랑극단 떠돌이 약장수의 발자취까지
집집마다 배다리 역사 줄줄이 몇 두름씩 달아놓고
밤이면 소주잔을 기울이는 사람들이 있어 행복한

주인 노릇 못한 격랑의 세월에 울분을 토하고
싸리 꽃향기에 취해 극단패를 따라간 영자와
그녀를 짝사랑한 양키시장 지미 킴의 연애기
뭉근히 국물 우려내듯 줄어들지 않는 우각리 이야기,

벽화 속 오래된 영혼들에 발목이 잡힌,
배다리에는 가난한 시인이 산다

인천 55
— 만수동 향촌지구

도예가를 만나러 만수동에 들어서니, 우뚝우뚝 선 향촌지구 재개발 아파트 군락이 길을 막는다. 까치발을 든 채 눈과 귀가 똑같은 에어컨 박스를 배에 달고 쌍둥이처럼 위풍당당 아래를 내려다본다. 허름한 옛 동네에나 어울릴 법한 도예가의 공방은 한쪽 구석에 모기만 한 명함을 내밀고 생각에 잠겨 있다. 납작 엎드린, 굽은 등에 떨어지는 빗물을 받으며 반쯤 감긴 눈으로 예술가를 바라보던 그 집이 그립다는. 비 오는 날이면 떠나간 미자 생각에 물레마저 크륵크륵 헛웃음 웃는. 흙 속에 문장을 하나, 둘 새길 때면 새끼손가락을 자르고 싶다는 도예가. 새 옷을 걸쳐 어깨를 으쓱대는 아파트, 하룻밤 유치장처럼 하품하듯 사람들을 토해낸 출입구에는, 하루 종일 학원 가방을 든 아이들만 들락거리고, 엄마 몰래 인형극 보려다가 들킨 다솔이가 엉엉 울며 영어학원 가방을 내팽개치는 그곳 향촌지구. 흙을 빚는 늙은 도예가는 도자기와 사기그릇이 뭐가 다르냐는 킬힐* 신은 아가씨의 말이 가슴에 콕 박혀 사흘이 넘도록 두문불출이다.

* 10cm 이상의 하이힐(뾰족한 굽의 구두)을 통칭하는 단어.

제2부

하우스 푸어

언제부터였을까
206개*의 뼈에 금이 가기 시작한 게
눈 감는다고 감춰지는 것이 아니라는 진실
처음부터 우린 알았다

희망으로 위장한 기억상실,
포장된 평화는 고요를 데려오지만
웃음까지 붙잡아 놓을 수는 없는 것
불안한 발자국이 언제 지워질까 전전긍긍
온몸에 임기응변 주사바늘을 꽂고 있었을 뿐이다

흔들리는 집,
드리워진 커튼이 한 번도 올라가지 않을 것임을
그것이 집이 가진 운명이라는 것을
이 땅의 가장들 삶이라는 것을
집은 알고 있다

---

* 사람의 몸은 206개의 뼈로 구성되어 있다.

밥그릇

박물관 진열장에 오래된 밥그릇 하나
누구의 밥그릇으로 일생을 살다
오롯이 앉아 있는지
녹슬어 묵은 세월 겹겹이 두르고
달관한 듯 고요하다

저 밥그릇 삶은 어떠했을까
청빈한 그릇으로 고고했을까
꾹꾹 누른 고봉밥으로 헉헉댔을까
밥그릇의 삶을 궁금해 하며
밥그릇 주인을 생각한다

먼 훗날,
내 밥그릇은 어떤 모습으로 남을지
한 평생 오로지
제 밥그릇 챙기기 위한 분주한 삶이 아닌
보일 듯 말 듯 적당한 양을 담은 밥그릇으로
두어 숟갈 덜어내어 부족한 이를 주는

마음이 아름다운 밥그릇을 남기고 싶다

집으로 돌아오는 길,
담벼락에 붙어선 2012 대선(大選) 후보들
밥그릇 챙기기 싸움이 치열하다
그들은 역사의 한 페이지 속에
어떤 밥그릇을 남길지 궁금한 오늘

묵은지

텔레비전 화면에 소녀시대가 나왔다
파릇파릇 봄동 나물처럼 싱싱한 목소리로
잘록한 허리에 쭉쭉 뻗은 다리를 팔딱이며
노래하며 춤을 춘다
빨려들 듯 은근한 흥겨움에 취해 있는데
두루뭉수리 뒤룩뒤룩 아내가 화면 앞을 스쳐간다

한때는 굵은 소금을 듬뿍 뿌려도
빳빳이 고개를 쳐드는 탱탱한 배추 같던 아내
어느새 축 처진 허리에 핸들이 여러 개 걸려 있다
쿵쿵쿵 걸어가 요란하게 설거지를 하며
탁탁탁 쓱싹쓱싹 요리를 하는데
왠지 어깨가 축 처지고 기운 없어 보인다

뚱하니 차려진 밥상에
묵은지 찌개가 보글보글 구수하게 끓고 있다
'아! 이 기가 막힌 맛이라니!'
아내를 슬쩍 보며 엄지손가락을 치켜세우니

금세 활짝 웃는 표정으로 한마디 한다
"최고지?"
그럼 그렇고말고 몇십 년 묵은 이 맛을
봄동 나물과 어떻게 비교하리
묵은지 아내 곰삭은 표정으로 웃고 있다

파리와 키스

내게 다가올 때부터 경계해야 했어

고무줄 늘이듯 자꾸 생각을 감는 게 아니었지
허공은 왜 그렇게 복잡한지
온갖 것들이 둥둥 떠다니며 내 머리에 발자국을 찍지

바다가 촘촘히 짠 은빛 파도 그물을 내게 던져

그래 그렇게 단추 떨어지듯 가버리는 건 아니었던 거지

280mm, 네게 걷어차인 그 자국 거품 내어 문지르고 닳도록 지워냈지만
아직도 심장이 화끈거려 넌 네게 첨벙 뛰어든 뜨거운 기름이었던 거지

내 귀에 흘려 넣은 너의 언어들이
귀지처럼 빼곡히 들어앉아
아무리 파내려 해도 동굴 속 박쥐처럼 귓속을 맴돌고

있어

한눈을 파는 게 아니었어 푸른 근육 꿈틀대던 바다

내가 잠시 방심했던 거지
왜 하필 입술인 거야 그 많은 빈자리에

잠시 입술을 훔치고 달아난
넌,

단풍

대놓고 들이대면 어쩌라고
그렇게 속내 활활 내비치며
다가와 흔들긴 왜 흔들어
그대 가슴만 타는가

나
오늘
그 뜨거운 이마 짚어주고 싶네

이사

친구가 이사를 한다
살구 같은 봄날
마당 가득 햇살이 따뜻한데
가슴앓이하며 애틋한 손길을 주던
오밀조밀 심어 놓은 꽃밭을 뒤로 하고
분칠한 예쁜 꽃들 이제 막 가슴이 솟는데

친구가 이사를 한다
한동안은 아름다웠을
사십구 년을 살았다는 그녀의 집
이제는 거친 톱밥처럼 비듬이 일고
낡은 송판처럼 창백한 모습이다

친구가 이사를 한다
길도 가르쳐주지 않은 채
뼈마디 불거진 낡은 집 한 채
달랑 남기고
하늘나라로 이사를 한다

진달래

마을 동산 중턱에 아버지가 앉아 계신다. 흔들흔들 기분 좋은 듯 가끔은 고개를 젖혀 목젖을 보이며. 얼굴이 불콰한 걸 보니 한 잔 하셨다. 바람이 입김을 불어대자 호탕하게 껄껄껄 웃는 아버지. 음력 삼월초이레 열은 봄. 아버지가 고향에 오셨다. 어머니 손맛 제상을 기다리신다.

황사

낮게 내려앉은 하늘을 머리에 이고 창백한 얼굴로 그가 찾아왔다. 오래된 일기장의 침묵처럼 거리는 고요 속에 말을 잃었고, 경계령을 내린 마스크의 암묵만이 공장을 장악했다. 공단 건너 송도국제도시, 누 떼처럼 질주하는 자동차의 행렬은 뒤를 돌아보지 않았다. 한 장의 해고통지서 예고 없이 날아오던 그날.

MRI

오직
납작 엎드려
믿음으로 참회해야 한다
단호한 물음에 정직해야 한다
사소한 거짓 하나도 용서가 없는,
심장을 꺼내 보이고
백기를 들어
뼛속까지 하얗게 드러내야 한다
깊은 곳,
숨겨놓았던 진실을 밝혀야 한다
감추고 싶은 기억까지
말갛게 토해내야
비로소
진정한 자유가 주어진다는 걸
깨달아야 한다

충치

어머니,

어떻게 견디셨어요

유독 그 이만 속 썩이네요

진작 뽑아냈으면 편안하실 걸

왜 품고 계셨어요

쓸모없이 고통만 주는데

내색 한번 안 하시고

뭐 좋아질 거라 허허 웃으셨어요

불효자,

평생을 욱신욱신

어머니를 괴롭힙니다

남편

고집이
고래심줄이다
질기디질긴 칡넝쿨이다
꽉 막힌 혈관처럼 귀 막고
눈 막았다
만만찮게 보낸 긴 세월
힘을 뺄 때도 됐건만
오직
하나
느슨해진 건
괄약근뿐이다

천명(天命)

삼킨 밥알들이 이제야 삭았나 보다
시간이 허리를 접고 접어
코끝이 땅을 향하기까지
하늘 우러러 부끄러움 셀 수 없었음에도
고개 빳빳이 쳐들어 높은 하늘만 꿈꾸던
용서보다 분노의 눈 흘김으로
가슴 두드리며 아파했던 시간들
이제야 하늘의 뜻 귀 기울이니
시멘트 바닥 틈새 푸른 목숨 하나
납작 엎드려 내일을 붙잡고,
밥벌이하러 가는 개미들
연초록 줄기에 올라 전망을 살핀다
제 몫을 다하는 겸손한 삶
발밑이 충만하다

명함이 없는 나는 슬프다

창 너머 가을이 대낮부터 취했다
놀이터 아이들 신이 나서 떠들고
가을빛에 취한 벌건 단풍잎 덩달아 웃는다

내가 바라보는 것들
하늘, 새, 구름, 나무, 그네
내가 만지는 것들
책상, 노트, 볼펜, 책, 컴퓨터

이 좋은 결실의 가을날
모두 제 할 일 하며
이름이 있어 행복해 보이는데

불확실한 미래의 미로 속에서
안주할 곳을 찾아 헤매는 나는
지금 이름이 없다

등 뒤에서 슬쩍 부르는 이름

내 이름은 청년백수

잔인한 이 가을
명함이 없는 나는 슬프다

아버지

대문 옆 고목 한 그루
오늘도 근심어린 얼굴이다

지난해
뭐 그리 할 말이 많은지
이파리 웅얼웅얼 무수히 떨구더니

쩍쩍 갈라진 틈새에
수북이 쌓인 먼지로
못 다한 이야기 품고 있다

흩어지는 낙엽 귀찮아
눈 흘기며
못 본 척했는데

어느 날
마른 몸을 비틀며
입을 닫았다

바람이 머리 풀고
제 가슴 탕탕 치는 오후

아버지,
고목으로 서 있다

장갑을 잃어버리다

버스를 타다 가죽장갑 한 짝을 놓쳤다
강남터미널 정거장을 뒹굴고 있을 장갑 한 짝
인천 오는 내내
내 눈길은 차창 너머를 더듬거린다
뻥 뚫린 외곽순환도로가 오늘따라 길기만 하다

남은 한 짝을 만지작거리다 불현듯 간디를 생각한다
간디의 신발 이야기*
한쪽 손이 갑자기 묵직해온다
욕심의 끝도 모른 채
어디,
내가 살면서 잃어버린 것이 장갑 한 짝뿐일까

따스한 마음을 잃고
온화한 성품을 잃고
대쪽 같은 신의를 잃고
배려와 사랑을 잃고……
잃고…… 잃고…… 또…… 잃고

---

* 간디가 기차에 오르다 신발 한 짝을 플랫폼 바닥에 떨어뜨렸다. 기차가 움직이기 시작했고 간디는 나머지 한 짝을 마저 벗어 던졌다.

제3부

동백
— 아프간 전쟁

지금
세상 어느 곳에는
햇살도 발이 시려 내려서지 못한다지

동백꽃잎 송이마다 겹겹이 박힌
이국 소년의 눈망울들
눈빛들,

뚝뚝 떨어지는 동백꽃잎들이
한 점 한 점 흘러가는 저 핏방울들이
유프라테스 강을 붉게 물들이면

꽃잎들은 이 봄을 기억할까 잔인한,
때론 누구에게
아름다운, 그 붉디붉은 꽃잎들이 아픔이란 걸

아프간 그 벌판 위에
피로 얼룩진 눈물꽃을

고래의 죽음

고래의 죽음을 본다
시위하듯
해안가 모래밭에 떼 지어
누워 있는 고래

깊은 바다 속을 오가며
불쑥불쑥 가슴의 불꽃 식히듯
제 키만큼 뛰어올라
큰 숨 들이쉬던 고래

스스로 커다란 몸뚱이를
육지에 내동댕이쳐야 했던 까닭은
아무 때나 마음껏 숨 쉬고 싶은
목마름이었을까

아무도 반기는 이 없는
고향 땅 해안가에
영원히 숨 쉬고 있다

불륜

어느 날
불현듯, 숨어 들어온 손길
난 거부하지 못했다
살갗을 스치는 부드러운 감촉이란!

온몸을 더듬는
그의 엉큼함이라니
쿵쾅대는 심장을 들킬까 숨죽이며
열꽃 암내를 피우며 그를 탐한다

만인의 연인 사월의 햇살,
난 그와 불륜 중이다

서해안도로 위에서 길을 묻다

서해안도로를 달리다 길을 잃었다
여기가 어디쯤인가
수세미처럼 얽혀버린 머릿속
길이 정색을 하니 갈피를 못 잡는다

고요가 누워 있는
사방은 지금 묵상 중이다
뒷덜미를 낚아채는 두려움
심호흡 속에 실타래를 푼다

가만,
길 위에서 길을 잃었던 때가
이 순간뿐이었을까
숱한 길을 달리고 달렸지만
길을 잃는 것이 일상이었던,

목적지는 늘 가까운 듯 멀고
보이지 않는다

길 위에서 길을 생각한다

길이 있기에 길을 가는가
길을 가기 위해 길을 가는가
길을 찾기 위해 길을 가는가

이 밤,
비릿한 바다내음 뺨을 핥는
서해안도로 위에서 길을 묻는다
내가 가야할
이 길,
길 끝을

고래 키우는 방법

누군가 말했지
일생에 고래 한 번쯤은 키워야 한다고

나에게도 고래를 길렀던 기억이 있네
길게 뚫은 바닷물을 휘날리며 공중 그네 타던 고래
폭풍 같은 힘을 뿜는 멋진 고래를 꿈꾸던

난 고래에게 모든 걸 다 주었지
꿈으로 꼭꼭 다진 셀 수 없는 씨앗들,
쿵쾅대는 심장까지도

어느 날 고래가 바다를 보았네
고래는 열병에 걸렸다네
달뜬 얼굴로 눈물 흘리며 뒤척이던 고래

고래를 보내주었네
돌아오지 않는 고래

누군가 말했지
가슴에 고래 하나 품지 못한다면
꿈이 없는 거라고

난 이제 고래를 키우지 않는다네

나는 날마다 운전을 한다

밤새 침대에 주차했던 몸에 영혼의 키가 꽂히고
나는 헤드라이트를 번쩍 뜨며 기지개를 켠다
하루를 위해 전신을 세차하고
계기판 머리로 하루를 탐색하며 주행경로를 계산한다
어깨를 쫙 펴고 심호흡 한번 날리고 시동을 건다
또박또박 걸어 안전운행 실시
뱁새눈 상사와 충돌을 피해 핸들을 급히 꺾는다
명품으로 온몸을 도배한, 사사건건 얌체 동료 미스 김을 피해
내비게이션을 재조정, 핸들을 우로 좌로 돌린다
거래처 김 부장의 갑작스런 추돌이 목덜미를 잡게 했지만
오늘 운전은 비교적 안전운행, 성공이다
물먹은 솜으로 집에 돌아오는 길,
아스팔트에 누운 박제 개 한 마리 퀭한 눈으로 쏘아본다

못

나 스스로
누군가를 아프게 한 적 없다

그대,
오늘

다른 이를 핑계로

어떤 이의 가슴에 쾅쾅 대못을 박았는지
반성해 볼 일이다

그 겨울의 잔상

'365일 하나로 자동화 코너'
남자 몇 몇 낙엽처럼 웅크려 있다
한 손에 휴대폰을 꼭 쥔 채 말이 없다

"벨소리 아무 이상 없는데……"
한 남자 전화기를 이리저리 살핀다
메마른 볏단처럼 푸석이는 목소리

"오늘도 공치나 봐"
"요즘 경제에 누군들 술맛 나겠어?"
두 남자의 목소리 잠시 허공에 맴돈다

어둠이 슬며시 다가와 현금인출기를 덮을 때
휴대폰이 배를 들썩이며 노래를 한다
"왔다!"

짧은 머리 남자,
"네! 대리운전 만 원입니다"

허공을 향해 꾸벅꾸벅 절하며 외친다

뛰어가는 남자 등 뒤로 흔들리는 시선들
허기진 얼굴로 흩날리는 눈송이
하나, 둘 내려앉고

눈물인지 눈目물인지 흘러내린다

가을

만성 습진을 앓던
여름이

보송보송한
가을 햇살 손사래에
어느새 달아나 보이지 않고

맑은 물에 헹궈낸
하늘 한 자락
눈부시게 걸려 있다

바람과 속닥이는
빨래 뽀얗다

산 오징어

산곡2동 경남아파트 입구. 산지직송 산 오징어라 쓴 용달차 한 대 서 있다. 도마 앞의 칼을 쥔 사내가 눈을 치켜뜨며 묻는다. 껍데기를 벗길까요? 곁에선 남자의 눈가에 군침이 흐르고 도마 위의 물오징어, 텅 빈 뱃속을 드러낸 채 사지를 뒤틀며 신음한다. 열 개의 하얀 손가락이 제 눈을 찌르는.

비가 온다고 예보한 하늘은 점점 내려앉고 용달차 옆 쥐똥나무 가지에는 연초록 새싹들이 뾰족뾰족 얼굴을 내밀고 있다.

지하철 고양이

지하철 문이 스르르 열리자
고양이 한 마리
사뿐히 자리에 앉는다

이른 아침, 잠이 모자란 듯
하품하며 눈물까지 찔끔하더니

가방에서 거울을 꺼내들고
톡톡톡 분칠을 시작한다

뽀얀 얼굴에 눈썹을 그리고
입술을 그리고
속눈썹에 검은 마스카라까지

요리조리 거울을 보더니
속눈썹 집게로 눈썹까지 집어 올리며
눈을 내렸다 떴다 단장 삼매경이다

지하철 안 구경꾼들 흘금흘금
고양이 세수에
시간 가는 줄 모르고

출근길,
가면 쓴 고양이 한 마리
위풍당당 앉아 있다

길

부평시립묘지 입구 두 갈래 길. 이승에 마침표를 찍은 영혼들의 쉼터 길과 세상으로 가는 구월동 길이 있습니다. 이른 아침, 줄 지어 선 자동차가 숨을 헐떡이며 세상을 향해 달리는데 나는 묘지 길로 사랑하는 이의 배웅을 갑니다. 언젠가는 나도, 저 숨 가쁜 삶 속의 사람들도, 세상을 향해 손을 흔들며 이 길을 들어서야 하겠지요. 모두들 이 길 가려고 우리, 참 바쁘게 살고 있군요.

소리를 찾아

나를 떠난 소리를 찾는다. 물푸레나무 잎새 햇살 반짝이는 숲 작은 오솔길을 타박타박 걸었을. 맑은 샘가에 쉬어 물 한 모금 마셨을. 바람 거센, 천둥 번개 치는 비 오는 어느 날, 처마 밑에서 몸을 떨기도 하고, 때론 질퍽한 진흙 속에 두 발이 잠겨 흐느끼던. 누군가의 심장을 움켜잡고 희열을 느끼고, 가여운 참새의 죽음에 어깨를 들썩이던. 나를 떠난 소리들.

지금 나는 내 곁을 떠돌며 귀를 어지럽히며 떠나가지 않는 소리들을 향해 빛을 쏜다. 내 귀와 두 눈은 현재라는 이름을 가진 소리들과 전쟁 중이다.

낙조

푸르게 파닥이던 시절
놓아야 시간이 빛어지지
세상에 나온 흔적
피멍 하나쯤은 훈장이지
돌아보지 마
꽃처럼 우아하게 숨어들
품 하나 있으니 행복한 거지

제4부

가을 소묘

부평우체국 앞 리어카 위에 주먹만 한 붉은 연시. 물끄러미 바라보는 남자 하나. 스치는 사람들 눈길 무심하고, 리어카 위에 덩그마니 앉아 있는 연시들, 무안한 듯 얼굴 더 붉힌다. 남자 눈에 붉은 눈물 고인 것은 연시 탓인가. 작업복 등에 새긴 대우자동차 고단한 듯 누워 있다. 깊어가는 가을 저녁.

그 사내들이 웃고 있다

오늘
그들을 만난다
눈빛이 흐려가는 저녁
스산한 만수동 골목길에서

허름한 벽에 바짝 붙어 서서
한 번도 본적 없는 나를 보고
소리 없는 웃음으로 반긴다

그들은 속삭인다
당신을 사랑합니다
당신을 책임질게요
내 팔을 잡아당긴다

울렁증이 일고 어지럽다
스물아홉 백수를 책임진다?
그 사내들을 믿을 수 없어
나는 거부한다

등 뒤에서 웃음소리가 들린다
대선(大選),
벽보 속에서
그 사내들이 웃고 있다

그녀에게

입을 크게 벌려 활짝 웃는 네 모습,
너는 웃고 있지만
저 가로막은 목젖이
뻥 뚫리지 못한 네 삶이라는 것

너의 웃음소리가 높아갈수록
내려앉는 네 어깨
기미 낀 어둠이 손을 얹는다
두 번의 배신이 네 등짝을 후려칠 때
너는 웃고 있었다

기도하며 울부짖는 너를 보았다
엉킨 실타래 같은 삶이
너뿐일까
네가 울고 있을 때
누군가도 울고 있다는 것

외로워하지 마라

네가 얼마나 아픈지

그래, 안다

길들이기 1

제주한란 분 하나가
바쁜 주인을 대신해
가늘가늘한 허리를 흔들며
승진 축하 인사를 왔다

베란다 비낀 햇살 몇 알들이
눈부신 듯 반짝이는
고만고만한 난 옆에
자리를 하더니
꼬박꼬박 졸기만 한다

찬물을 뿌려보기도 하고
갓난아기 씻기듯
물에 담가보기도 한다

찰박이는 고향의
바닷물 소리 바람소리가
그리운 듯

몇 날을 비몽사몽 헤매더니

햇살 기지개 켜는
어느 날 아침
창문 틈새로 스며든
바람이 간지러워
잠깨어 웃고 있다

길들이기 2

인천 경남상가 종합보수 주인 박씨는
떴다하면 몇만 원이란다

여자만 있는 집 못 몇 개 박아도,
열쇠 잃은 현관문 고쳐도 몇만 원

박씨는 움직였다 하면 돈이다
아파트 사람들은 수근수근
그 가게에 가지 말자고 했다

102호 집 딸 수희가 화장실에 갇혔다
수희 엄마, 두들기고 비틀고 쑤셔 봐도
열리지 않아 박씨를 불렀다

1분 만에 부서진 도어록 들고 가는 박씨에게
출장비 몇만 원 건네준 수희 엄마
멍하니 뒷모습만 쳐다보았다

그렇게 꽃 피고 낙엽이 졌다

아파트 사람들은 일이 생길 때마다
박씨를 불렀고
아무도 입을 비죽이는 사람이 없다

정오의 수탉

아무도 없는
놀이터를 빙빙 도는 수탉 한 마리
발목에 힘을 주며 땅을 파고
미끄럼틀을 힐끔힐끔 대며
위풍당당 오를 듯 배회한다

한 번씩 하늘을 향해
헛기침을 하며
솟아오를 듯 파닥거리지만
매번 제자리걸음

아무도 눈길 주지 않는다

두 눈을 끔뻑이며
생각에 잠긴 수탉 한 마리
날갯죽지 점점 떨어뜨리며
어깨를 감싼다

취업통지서 기다리는 삼촌
벤치 위에 앉아 있다

하늘 여행 1

어느 날
너는
검은 배낭을 메고
한마디 말도 없이
여행을 떠났다

그렇게
바쁜 듯 뒤돌아봄도 없이
떠난 너
남아 있는 우리들은
너의 흔적을
하나, 둘 지워간다

네 손때 묻은 CD들
네가 좋아하던 힙합
타블로 시디가 들썩거리며 웃고 있다

그렇게 급했었니?

네가 두고 간
새 청바지와 티셔츠에
그리움을 켜켜이 넣어 접으며
먹먹해지는 가슴을 두드린다

하늘 어디쯤 가고 있을까
네가 입고 싶어 했던 이 옷들
전해줄 수만 있다면
당장 달려갈 텐데……
그리운 아이야

하늘 여행 2

하늘 여행은
너무 맑고 깨끗해서
호기심 많은 너에게는 심심할지도 몰라
가끔 한번
아래를 내려다보며 가렴

무슨 소리가 들리면
너를 그리워하는 사람들이
부르는 소리라 생각해

가끔 안개가 하늘로 피어오르면
너를 가장 사랑하는 사람들의
눈물이라 생각해

아이야 보 · 고 · 싶 · 다

하늘 여행 3

사진 속의 너는
여리디여린
고운 꽃이더구나

하얀 국화를 너에게 주며
사람들은 말했지
아깝다고

너와 상관없는 사람들조차
그렁그렁 바라봤어

사진은 하나였지만
우리는 너를 나눠가졌다
가슴 가슴에 꼭꼭 새겼다

이제 더 이상
널 잃어버리지 않을 거라고

하늘 여행 4

네가 어느 별에서 왔는지
아무도 모른다
자유로운 영혼을 가진 너를
우리는 4차원이라 불렀지

너는 다시 네 별로 돌아갔을까
여우를 만나
길들여지지 않은 장미에 대해
이야기하고 있을까

어쩌면 갑자기
하늘 여행 떠난 것을
후회하고 있을까

사랑하던 사람들
한번쯤 눈 마주쳐 빙긋 웃어주고
팔 벌려 꼭 안아주지 못한,
그렇게 떠난 걸

마음 아파할지도 몰라

아이야,
너의 긴 속눈썹이 그립구나
눈물 떨구지 마
안아주지 못해 미안해
웃어주지 못해 미안해

하늘 여행 5

네 방을 정리하는데
책상서랍 한 가득
은박지 인형들이 숨어 있었다

농구공을 든 인형
축구를 하는 인형
총을 들고 있는 인형

마치 살아 있는 듯
튀어오를 것 같은
하지만 어딘가 모르게
풀이 죽어 보였다

안녕도 없이
멀리 가버린 주인을
원망하는 걸까

네가 이토록

만들기를 잘 했는지
그림을 잘 그렸는지
몰랐다

네가 떠난 후에야
나는 너를 아는구나

하늘 여행 6

왜 우리는
곁에 없어야 그리워지는 걸까

너는 항상 슬픈 눈으로
나를 좇고 있었지

언제든지 볼 수 있고
만질 수 있고
말할 수 있을 때

그때 나는
왜
다른 곳만 보았을까

많이 웃었어……
너는 많이 슬펐고

네 눈물방울 못 봐서 미안해

나만 웃어서 미안해

아 · 이 · 야

폐업신고서

그가 폐업을 했다
벌집 같은 시간들 틈에서
늘 하품을 하던

그의 쳇바퀴 공간 속에
은밀한 소문들이 떠돌았다

박력 있는 심호흡은
거친 한숨이었고

삶은
구멍 난 탈모증처럼
숭숭
뻥 뚫려 있었다고

어느 날 그가
폐업신고서를 돌렸다
하나, 둘

찾아오는 사람들

마른눈물 안주 삼아
한 생을 추억하며
술잔을 삼킨다

영정 속의
그가
활짝 웃고 있다

낙화

꽃철도 아닌데
날마다 꽃잎이 흩날린다
아파트 옥상에서 꽃밭도 아닌데

해독할 수 없는, 입술을 꼭 닫은
비밀스런 언어들이 바닥을 굴러다니고

귀를 키운 사람들 밀물처럼 몰려와
수군수군 철벅대다 썰물처럼 빠진다
나팔만한 입술을 달고

부풀어 오른 소문은 천리를 향해 달리고
카더라 통신망에 갈기갈기 찢긴 꽃잎들
믿을 수 없는 세상은 끝까지 발목 잡는다

여린 꽃잎의 눈물,
오늘도 콘크리트 바닥을 붉게 물들이고
또 하나 피멍이 가슴을 후벼 판다

해설

인천의 시인이 그린 인천 사람들의 삶과 꿈

이승하 시인 · 중앙대 교수

미추홀에서 제물포로 이름이 변하는 기간 동안 고대왕권에서 봉건전제군주국가로 변하는 길고긴 역사가 이루어졌다. 인주에서 인천으로 이름이 변하는 기간에는 또한 봉건전제군주국가에서 근대시민사회로 이르는 긴 역사가 담겨 있다. 구한말에 인천은 서구 열강의 개항 요구에 고뿔을 앓으며 신음하지 않을 수 없었다. 개항 이후 인천항은 미곡 반출의 기지로서 피눈물을 흘려야만 했다. 인천 사람들은 운요호사건, 병인양요, 신미양요, 강화도조약, 조일수호조약(제물포조약), 인천상륙작전, 차이나타운 형성, 5·3인천사태, 인천국제공항 건설, 연평도 포격사건, 녹색기후기금(GCF) 유치에 이르는 근대화와 민주화 과정의 수많은 역사적 사건을 다른 지역 사람들보다 더 잘 알고 있을 것이다. 참으로 많은 아픔을 간직하고 있는 도시가 바로 '짠물' 인천이다.

인천이 낳은 문인이 적지 않은데, 그 가운데 정경해는 인천의 과거와 현재를, 인천에서의 삶과 꿈을 그 어느 문인보다 '문학적'으로 말해주고 있는 시인이다. 인천의 시인 정경해의 '인천 연작시'부터 먼저 읽어본다.

> 비 오는 날 북성동 거리를 걷는다. 구멍 난 우산 속을 들여다보던 하늘, 회색 낯빛으로 눈을 감고. 빗물에 긴 머리 늘어뜨린 담쟁이덩굴, 손톱을 세운 채 담장에 붙어 있다. 붉게 단장된 거리는 옛 시절을 잊은 듯 공화춘 간판만이 자장면의 역사를 불러온다. 어둠이 붓을 들자 북성동 거리는 점점 충혈된 눈을 빛내며 도발적인 자태로 청요리 냄새 밴 엉덩이를 흔들고 있다. 높게 솟은 패루가 차이나타운 길목을 안내하며 당당하게 서 있지만, 북성동 거리는 아직도 부둣가 인부들의 휘청대던 가난한 발자국을 좇는 듯, 알 수 없는 눈물을 질금대고 있다.
>
> —「인천 31 –북성동」 전문

화자는 지금 인천광역시 중구에 자리 잡고 있는 북성동 차이나타운을 비 오는 날 걷고 있다. 추억 속의 북성동 거리와 지금의 차이나타운 길목은 천양지차다. 특히 밤이

되면 이 거리는 "점점 충혈된 눈을 빛내며 도발적인 자태로 청요리 냄새 밴 엉덩이를 흔들고 있다". 하지만 인천의 도시개발 역사를 알고 있는 시인은 "아직도 부둣가 인부들의 휘청대던 가난한 발자국을 좇는 듯, 알 수 없는 눈물을 질금대고 있다."고 인천의 과거지사를 표현하고 있다. 북성동 밤거리의 휘황찬란한 불빛 밑을 거닐면서 이 거리의 지난날을 짚어보는 것이야말로 역사의식이 아니고 무엇인가. 사학자나 기자는 『인천개항사』(나채훈 · 박한섭)나 『이방인의 눈에 비친 제물포 – 인천개항사를 통해 본 식민근대』(이희환)를 쓰지만 시인은 이렇듯 시 한 편 속에 도시의 변천사를 담을 수 있다. 송현동의 옛 모습을 마치 수채화로 그리듯이 그린 아래의 시를 보고 눈물 글썽이는 연세 높은 어른도 있으리라.

그해
수도국산 언덕길은 따뜻했다
납작 엎드린 지붕이 루핑 조각 머리를 산발한 채
이마를 맞대며 키재기를 했고
내가 문을 열고 내려서면 너희 집
네가 문을 열고 내려서면 우리 집
내 집 네 집 문패도 없이
땅따먹기 놀이만이 금을 긋던,

감자수제비가 폴짝폴짝 끓어오르는
어스름한 저녁이면
수도국산 언덕길은 부산을 떨며 통통거렸고
새끼줄 그네를 탄 까만 연탄 한 장이 뱅글뱅글
몸을 돌리며 주인과 눈 맞추며 행복해했다
순희네 창 너머 흐릿한 눈물 글썽이던 백열등,
구부정한 전봇대에 걸려 있던 송현동 달빛
떠나간 눈빛들, 잊지 못할 눈빛들

—「인천 32 –송현동」 전문

각주에서 설명해놓고 있는데, 송현동에 있는 만수산은 일제 강점기 때 수도국(水道局)의 배수지가 이곳에 있어 수도국산이라 불렀다고 한다. 이런 과거지사를 기억하고 있는 인천시민도 많지 않으리라. 일제 강점기 때와 해방기, 전쟁과 전후에 이 나라 사람 중 헐벗고 굶주리지 않은 사람이 몇이나 되었을까. 바로 그 궁핍한 시절, 송현동을 그린 풍경화가 바로 연작시 32번이다. 가난했지만 인정이 있었고, 헐벗었지만 나눠먹을 줄 알았던 유년 시절의 뼈아픈 미담이다.

1963년생 인천 출신 작가 김중미가 낸 장편동화 『괭이부리말 아이들』은 인천을 배경으로 하고 있다. 이 제목은 정경해 연작시의 35번이 된다. 남보원이 불렀던 통속적인

가요 중에 「인천의 성냥공장 아가씨」라는 것이 있는데 35번 시는 동일방직 노동자가 된 전라도 출신 여공을 소재로 하고 있고, 40번 시는 만석부두 옆 성냥공장에 나가는 어느 여공 일가의 이야기를 소재로 하고 있다.

> 전라도 꽃순이 돈 벌러 왔다. 감꽃처럼 뽀얀 가슴 안고 빈 게딱지 다닥다닥 엎어진 판잣집 동네 돈 벌러 왔다. 대성목재 톱밥가루 뒤집어쓰고 마른버짐 뜯어내며 돈 벌러 왔다. 동일방직 공순이가 되어 달거리 하듯 거르지 않는 피 같은 월세 마련에 돈 벌러 왔다. 끼니 거르며 목숨 바치며 돈 벌러 왔다. 보따리 질질 끌고 돈 벌러 왔다. 인천극장 구름다리 넘어가는 교복 입은 아이들 뒤통수 훔쳐보며 돈 벌러 왔다. ABCDEFG 소리 없이 외치며 돈 벌러 왔다. 괭이부리마을에 꽃순이 돈 벌러 왔다.
>
> —「인천 35 – 괭이부리마을」 전문

전라도 농촌에서 이런 시절을 보낸 소녀(꽃순이)가 인천까지 와서 여공 노릇을 하고 있다. 어린 여공이 겪는 노동자 생활의 비참함을 시인은 "달거리 하듯 거르지 않는 피 같은 월세 마련에 돈 벌러 왔다. 끼니 거르며 목숨 바치며 돈 벌러 왔다. 보따리 질질 끌고 돈 벌러 왔다."는 시구를 통해 실감나게 묘사하고 있다. 한국의 근대화는 어느 대통령의 '영도력' 덕분이 아니라 국내 산업현장의 노동자, 추곡수매 때마다 홧술을 마신 농민, 베트남전의 참전용사, 중동 공사장의 건설역군들 덕분임을 잊어서는 안 된다. 과거의 동구 만석동 괭이부리마을은 인천의 대표적인 빈민촌(흔히 '쪽방촌'이라고 불렀다)이었다. 그 시절 그곳에서 살았던 꽃순이는 교복 입은 아이들이 부러워 입으로 알파벳을 외며 울었다. '개발연대'로 불리는 우리나라 60~70년대 모습이 이 한 편의 시에 이처럼 아주 사실적으로 그려져 있다. 지금 괭이부리마을은 현지 보존 방식으로 재개발이 확정되어 사업을 시작했다고 한다. 인천의 과거와 현재를 알고 있는 시인이기에 변화 과정을 시의 화폭에 이렇게 담을 수 있는 것이다. 꽃순이가 나오는 시가 한 편 더 있다.

옐로우하우스 꽃순이
밤이면 분홍 꽃등을 켠다
하룻밤 부나비를 기다린다
인천항 배 닻을 내리면
형형색색 불나방 꽃등에 뛰어들고
꽃순이 고단한 웃음 짙어간다

—「인천 43 –숭의동」 가운데 연

예전에는 항구마다 집창촌이 있었다. 뱃사람들이 회포를 푸는 데라고 할 수 있을까, 돈으로 사람을 살 수 있는 곳이 있었다. 장사래 마을에서 태어난 꽃순이는 "별빛 꿈한 소쿠리"가 있었건만 하 수상한 시절은 그 꿈을 "꼬불꼬불 말간 개천"에 띄워 보내게 한다. 그러고 나서 꽃순이는 옐로우하우스에 가서 밤이면 분홍 꽃등을 켜고 "하룻밤 부나비"를 기다린다. 이곳 숭의동은 지금 재개발에 들어서 공설운동장이 전용축구장과 대형마트로 바뀌게 된 모양이다. 꽃순이들은 지금 어디서 살고 있을까. 살아 있기나 할까.

「인천 40 －만석동 성냥공장」은 위트와 유머를 발휘한 재미있는 작품이지만 그 속에는 성냥공장에서 불에 타 죽은 한 소녀의 좌절된 꿈과 그녀 가족의 가슴 아픈 사연이 녹아들어가 있다. 연작시 중에는 소래염전과 소래포구의 꽃게를 부제로 삼은 시도 있지만 화수부두 할머니의 이야기에 귀를 기울여보자.

> 피난살이 60년 고단했지
> 내 삶이 웬만했슴매
> 여문 조개 입처럼 깝깝했어
> 고놈 열다 세월 다 갔네
> 짐승 면하려 이 악물었지

이 새끼만 손톱 좀 보우
저승사자처럼 들이대니
조개가 쩍쩍 입 벌리데
새끼들 이팝 먹일 때가 최고였어
내래 평생 그때 제일 행복했소꼬마

—「인천 49 – 화수부두 할머니」 전문

동구 화수동에 가면 화수부두가 나온다. 인천은 '삼팔따라지'라고 놀림 받았던 피난민들이 유독 많이 정착해 살았던 도시다. 북에서 피난 와서 이 부두에서 조개를 까며 60년을 산 할머니가 자신의 지난날을 들려준다. 할머니는 반세기 이상을 고생이야 지지리 했었지만 조개를 까며 번 돈으로 쌀을 사 자식들 먹이던 지난 시절이 제일 행복했었다고 회상한다. 한 사람의 개인사가 모이고 모이면 마을의 역사가 되고 지역의 역사가 된다. 시인은 만수동 향촌지구 재개발 아파트 단지에 가서 연세 높은 도예가를 만나보기도 하고 팔미도 등대를 보며 켈로 부대를 생각해 보기도 한다. 배다리의 시인한테 가서 "싸리 꽃향기에 취해 극단패를 따라간 영자와/그녀를 짝사랑한 양키시장 지미 킴의 이야기", 그리고 "뭉근히 국물 우려내듯 줄어들지 않는 우각리 이야기"를 듣기도 한다. 부제가 '화평동'인 연작시 41번은 시인이 성장기를 보낸 "까막까막 졸고 있는 산동네"에서의 기억을 더듬어 쓴 시인 듯하다. 한편 부제가 '월미도'인 연작시 46번은 인천의 길고긴 역사가 집약되어 있는 시이다. 병인양요 때 이 섬을 점령했던 프랑스 극동함대 사령관의 이름을 따 로제섬으로 불리기도 했던 월미도는 일제 강점기 때 해수욕장으로 개발되었다. 6·25 때는 인천상륙작전이 이곳 월미도를 기점으로 시작되었는데 암호명이 '크로마이드(Operation Chromite)'였다고 한다. 그런 역사를 알고 있는 시인으로서는 상전벽해가 된 월미도를 보고 금석지감에 사로잡히지 않을 수 없다. 지금은 월미도가 유원지가 되어 "횟집, 모텔, 놀이기구 안의 청춘남녀 자극적인 웃음만이/밤마다 찬란한 욕정의 눈을 굴리"고 있기 때문이다. 지금의 인천이 제대로 묘사된 시는 연작시 48번이다.

> 하루에 10cm씩 키가 자라는 곳
> 여기저기 부른 배를 끌어안은 산모가 몸을 뒤틀고
> 날마다 수많은 배다른 형제들을 출산하는
> 이름만 다를 뿐 똑같은 옷을 걸친
> 초고층 아파트 건물들이 탄생하는 도시
>
> 외국인보다 내국인이 더 많은 국제도시
> GCF(녹색기후기금) 유치 때 한마음으로 기뻐하며

대통령, 인천시장, 송도주민, 속내는 모두 달랐어도
불 일 듯 일어날 희망의 경제 꿈만은 모두 같았던

—「인천 48 –송도국제도시」 제1, 2연

그냥 도시가 아니라 국제도시라는 명칭으로 불리고 있다. '희망의 경제'를 부르짖는 대통령과 시장의 외침에 송도주민들은 박수를 쳤지만 이런 외적인 화려함에 묻혀버린 인천 원주민들의 사연을 아는 이가 정경해 시인이다.

혼자 놀던 바닷물 들락날락 민낯을 드러내면
갯벌에서 조개를 캐 생계를 잇던 먼우금 원주민들
굳은살 박인 손에 쥐어진 송도개발 보상금 딱지
모래처럼 흩날린, 가깝고도 먼 곳
먼우금에 얽힌 눈물의 사연

—「인천 48 –송도국제도시」 제4연

먼우금은 한자로는 원우이(遠又邇)다. 멀 '원'에 가까울 '이'이므로 풀이하면 '멀고도 가깝다'는 뜻이다. 먼우금면은 옥련동, 청학동, 연수동, 동춘동을 관할한 면이다. 그래서 아직까지 이 지역 노인들은 '먼우금'이라 부른다. 문학동 동쪽에 있던 선학동 지역만 부내면(도호부 관할 지역) 관할이었다. 이런 역사적 유래를 잘 알고 있기에 시인은 먼우금 원주민들의 손에 쥐어진 보상금 딱지가 '눈 가리고 아웅'임을 말할 수 있는 것이다.

이와 같이 연작시 15편을 통해 시인은 인천의 역사와 현재를, 인천 사람들의 삶과 꿈을 거대한 화폭에다 그렸다. 진정한 인천 시인의 탄생에 마음에서 우러난 박수를 보낸다.

제2부의 문을 여는 시는 「하우스 푸어」다. '하우스 푸어(house pour)'란 '비싼 집에 사는 가난한 사람들'이란 뜻으로, 집은 보유하고 있지만 무리한 대출로 인한 이자 부담 때문에 빈곤하게 사는 사람들을 가리키는 말이다. 서울과 수도권에 많이 살고 있으므로 상당수 인천 사람이 바로 하우스 푸어다.

> 흔들리는 집,
> 드리워진 커튼이 한 번도 올라가지 않을 것임을
> 그것이 집이 가진 운명이라는 것을
> 이 땅의 가장들 삶이라는 것을
> 집은 알고 있다
>
> —「하우스 푸어」 마지막 연

현대인들은 내 집 한 채 장만하려고 헉헉대며 한 생을 산다. 고대광실 같은 호화빌라에 살거나 타워팰리스 같은 고급아파트에 사는 사람도 있지만 거의 대부분 "이 땅의 가장들 삶이라는 것"은 집에 대한 부담 때문에 허리가 아프게 허리띠를 졸라매는 각박한 생이다. 시인의 시작(詩作)은 이 작품이 예시하듯이 이 땅 서민들의 삶과 꿈에 초점을 맞춰 전개된다. 함께 늙어가는 부부 이야기인 「묵은지」가 있고 느닷없는 해고통지에 망연자실하는 노동자 이야기인 「황사」가 있다.

> 낮게 내려앉은 하늘을 머리에 이고 창백한 얼굴로 그가 찾아왔다. 오래된 일기장의 침묵처럼 거리는 고요 속에 말을 잃었고, 경계령을 내린 마스크의 암묵만이 공장을 장악했다. 공단 건너 송도국제도시, 누 떼처럼 질주하는 자동차의 행렬은 뒤를 돌아보지 않았다. 한 장의 해고통지서 예고 없이 날아오던 그날.
>
> —「황사」 전문

인천에는 세계 최대 규모의 공항이 들어서 있다. 머지않아 아시안게임도 열린다. 국제공항도 들어서 있고 국제도시로 눈부시게 발전하고 있는 만큼 서민들의 삶의 질도 그에 발맞추어 향상되고 있을 것이다. 과연 그런가? 정경해 시인의 시집을 읽어보니 그런 것 같지 않다. '비정규직'이라는 족쇄가 사람들의 숨통을 조이고 있고, 예고 없이 날아오는 해고통지서는 그 숨통마저 끊어놓는다. '눈부신 발전'이라는 공룡의 발밑에 깔린 서민의 고통이 집약된 시는 이밖에도 「명함이 없는 나는 슬프다」 「산 오징어」 「가을 소묘」 「정오의 수탉」 「그 겨울의 잔상」 「그 사내들이 웃고 있다」 「길들이기 2」 「폐업신고서」 등 한두 편이 아니다.

불확실한 미래의 미로 속에서
안주할 곳을 찾아 헤매는 나는
지금 이름이 없다

등 뒤에서 슬쩍 부르는 이름
내 이름은 청년백수

잔인한 이 가을
명함이 없는 나는 슬프다

—「명함이 없는 나는 슬프다」 부분

부평우체국 앞 리어카 위에 주먹만 한 붉은 연시. 물끄러미 바라보는 남자 하나. 스치는 사람들 눈길 무심하고, 리어카 위에 덩그마니 앉아 있는 연시들, 무안한 듯 얼굴 더 붉힌다. 남자 눈에 붉은 눈물 고인 것은 연시 탓인가. 작업복 등에 새

긴 대우자동차 고단한 듯 누워 있다. 깊어가는 가을 저녁.

—「가을 소묘」 전문

어둠이 슬며시 다가와 현금인출기를 덮을 때
휴대폰이 배를 들썩이며 노래를 한다
"왔다!"

짧은 머리 남자,
"네! 대리운전 만 원입니다"
허공을 향해 꾸벅꾸벅 절하며 외친다

—「그 겨울의 잔상」 부분

앞에서부터 청년백수와 해고노동자, 대리운전 기사의 이야기가 펼쳐지고 있다. 우리 주변에서 흔히 볼 수 있는 사람들이지만 실감 나는 이야기인지라 콧잔등이 시큰한 감동을 준다. 우리 국민의 10%는 족히 될 이들의 사연이 이상하게도 우리 시단에서 별로 논의되지 않고 있다. 70~80년대, 민중문학이 기치를 높이 들었을 때는 노동자와 농민, 구직자와 실업자가 이 땅의 주인이라고, 주인공이라고 적어도 문학작품 속에서는 대우를 받았다. 하지만 지금 우리 시단은 이들을 수수방관하고 있다. 시인들은 각자 개인적인 고통에 골몰하고 있고, 영상문화적 상상과

정체불명의 환상에 젖어 있어서 그런지 이웃의 삶을 유심히 들여다보는 시인들이 많이 않다. 그런데 정경해 시인은 10여 편의 시를 통해 이 땅 장삼이사의 고단한 삶과 희미한 꿈을 추적하고 있다. 사실상 꿈이란 것이 별게 아니다. 가족이 저녁에 함께 식탁에 둘러앉아 식사를 같이 할 수 있는 것 정도인데 그 꿈을 이루기가 너무나 어려운 것이다. 그런데 서민의 삶과 꿈을 들먹이며 다 해결해주겠다고 나선 이들이 있다. 대선 후보들이다.

집으로 돌아오는 길,
담벼락에 붙어선 2012 대선(大選) 후보들
밥그릇 챙기기 싸움이 치열하다
그들은 역사의 한 페이지 속에
어떤 밥그릇을 남길지 궁금한 오늘

—「밥그릇」 마지막 연

그들은 속삭인다
당신을 사랑합니다
당신을 책임질게요
내 팔을 잡아당긴다

울렁증이 일고 어지럽다

스물아홉 백수를 책임진다?
그 사내들을 믿을 수 없어
나는 거부한다

등 뒤에서 웃음소리가 들린다
대선(大選),
벽보 속에서
그 사내들이 웃고 있다

—「그 사내들이 웃고 있다」 후반부

이번 대통령 선거에는 여성 후보자도 나오므로 '그 사내들'만 웃고 있는 것은 아니다. 아무튼 시인은 '서민경제'를 들먹이면서 서민을 점점 더 벼랑으로 내몰고 있는 정치가들에 대해 이와 같이 분노를 터뜨리며 강하게 비판하거나 우회적으로 풍자하기도 한다. '참여'와 '실천'의 장에서 대다수 시인이 떠나버린 오늘날 정경해 시인의 이런 현실참여의식과 사회비판의식은 그래서 오히려 더욱 새롭게 느껴진다. 다만 한 가지 지적하고 싶은 것은 이런 시각은 자칫 잘못하면 정치적 무관심으로 이어질 수 있다는 점이다.

시집에는 「하늘 여행」 연작시가 6편 실려 있다. 어떤 상황인지는 구체적으로 밝히고 있지 않지만 어떤 아이의 죽음에 관련된 시인 것 같은데, 확대해석이 허용된다면 청소년들의 연이은 자살도 생각해볼 수 있는 시가 아닌가 한다.

왜 우리는
곁에 없어야 그리워지는 걸까

너는 항상 슬픈 눈으로
나를 좇고 있었지

언제든지 볼 수 있고
만질 수 있고
말할 수 있을 때

그때 나는
왜
다른 곳만 보았을까

많이 웃었어……
너는 많이 슬펐고

네 눈물방울 못 봐서 미안해

나만 웃어서 미안해

아 · 이 · 야

—「하늘 여행 6」 전문

시의 소재가 된 아이는 사고사로 죽은 실제인물인지도 모르겠다. 하지만 대구지역에서 죽은 십수 명 자살 청소년과 이 시의 사연이 겹쳐지는 것은 무엇 때문일까. 대구뿐만이 아니다. 전국 방방곡곡에서 청소년들이 학교에서의 따돌림과 시험에 대한 부담감, 가족해체, 어른들의 무관심과 학대 등의 이유로 자살하고 있다. 한 아이의 죽음이 시인의 마음에 슬픔을 증폭시켜 6편의 시를 쓰게 한 것이리라. 타인의 아픔에 대한 시인의 슬픔을 우리는 측은지심이라고 한다. 꺾이고 만 생명체에 대한 측음지심, 동정심, 연민의 정…… 이런 것이 바로 시심인 것이다. 「낙화」에서는 아파트 옥상에서 뛰어내린 "여린 꽃잎의 눈물"에 대한 아픈 사연이 전개된다. 시인의 가족사를 짐작케 하는 시도 몇 편 보인다.

마을 동산 중턱에 아버지가 앉아 계신다. 흔들흔들 기분 좋은 듯 가끔은 고개를 젖혀 목젖을 보이며. 얼굴이 불콰한 걸 보니 한 잔 하셨다. 바람이 입김을 불어대자 호탕하게 껄

껄껄 웃는 아버지. 음력 삼월초이레 옅은 봄. 아버지가 고향에 오셨다. 어머니 손맛 제상을 기다리신다.

—「진달래」 전문

어머니,
어떻게 견디셨어요
유독 그 이만 속 썩이네요
진작 뽑아냈으면 편안하실 걸
왜 품고 계셨어요
쓸모없이 고통만 주는데
내색 한번 안 하시고
뭐 좋아질 거라 허허 웃으셨어요
불효자,
평생을 욱신욱신
어머니를 괴롭힙니다

—「충치」 전문

시인의 아버지와 어머니도 이 땅 장삼이사 중의 한 사람이었을 것이다. 술을 좋아하신 아버지는 저승에 좀 일찍 가신 모양이다. 혼백이 제상 앞에 온들 이승에 있는 사람들의 슬픔이 가실 수 있을까. 어머니에게는 늘 고통만 주어 시인은 자신을 충치 같은 존재였다고 반성하고 있다.

이런 시는 상투성을 벗어나야 좀 더 진한 감동을 줄 수 있을 것이다.

오늘날 시의 운명은 바람 앞의 등불과도 같다. 광화문 교보문고에 가보면 시집 코너가 현저히 줄어들어 없는 것이나 마찬가지다. 인터넷서점을 통해서라도 시집이 많이 판매되고 있느냐 하면, 그렇지 않다. 시집이 독자들의 외면을 사게 된 가장 큰 이유는 지나친 난해함과 장형화와 산문화 때문이다. 특히 우리네 보통사람들의 삶과 꿈과 유리된 작품이 태반이어서 그런 것인데, 정경해 시인의 이번 시집은 인천과 인천 사람들의 면면을 잘 그려 감동을 주는 시편이 많다. 지금까지의 성과에 만족하지 말고 더욱 정진하여 인천을 넘어 한국을 대표하는 시인이 되기를 바라는 마음 간절하다.

문학의전당 시인선 141

미추홀 연가

초판 1쇄 인쇄 2012년 11월 22일
초판 1쇄 발행 2012년 11월 28일
지은이 정경해
펴낸이 김석봉
디자인 조동욱
펴낸곳 문학의전당
출판등록 제311-2012-000043호
주소 서울시 은평구 연서로11길 7-5 401호
편집실 서울시 마포구 공덕2동 404 풍림VIP빌딩 413호
전화 02-852-1977
팩스 02-852-1978
블로그 http://blog.naver.com/mhjd2003
전자우편 sbpoem@hanmail.net

ISBN 978-89-98096-11-3 03810

* 이 책은 인천문화재단 창작기금을 받아 제작되었습니다.